nebenbei leben

AF190818

Hoffnungsfunken leuchtend hell
in der Dunkelheit gefangen.
Ohne Ende ewig treibend.
Weisen Wege durch die Zeit.

Olaf Meusel

nebenbei leben

Verse eines Träumers

Alle Rechte liegen beim Autor
Herstellung und Verlag: Books on Demand GmbH, Norderstedt
2003 Magdeburg
ISBN 3-8334-0466-3
Bibliografische Information der Deutschen Bibliothek:
Die Deutsche Bibliothek verzeichnet diese Publikation in der
Deutschen Nationalbibliografie; detaillierte bibliografische Daten
Sind im Internet über http://dnb.ddb.de abrufbar

Inhalt

Vorwort

Nur in der Ruhe liegt die Kraft, sagt man. Warum
lassen wir uns
dann viel zu oft vom hektischen Alltag diese Ruhe
nehmen.
Gedichte, oder das Lesen überhaupt sind eine Mög-
lichkeit dieser Hektik für kurze Zeit zu entrinnen und
neue Kraft zu tanken.
Oasen der Ruhe inmitten einer Wüste aus Leistung
und
täglicher Rastlosigkeit in der die Seele verdurstet.
Ohne das Empfinden für die Kleinigkeiten haben wir
im Grunde umsonst gelebt. Meine Gedichte sind daher
einfach nur als gelebte Gefühle für eine kurze lyrische
Pause zu verstehen.
Dieses Buch widme ich den beiden wichtigsten Frauen
in meinem Leben. Meiner Frau Simone und schliess-
lich meiner Mutter, die viel zu früh am 16.07.03 im
Alter von nur 61 Jahren von uns ging.

Sonnenaufgang

Die Schwärze der Nacht
hält die Welt noch gefangen.
Vom silbernen Mondlicht
Schatten entsteh`n.
Der Tag ist noch jung
hat kaum angefangen.
Bald wird wie alltäglich
die Nacht nun vergeh`n.
Schon zeigt sich am Himmel
ein blassblauer Schein
Dämmerung flutet
die Schatten hinfort.
Ein leuchtendes Rosa
erstrahlt hell und rein.
Das Dunkel entschwindet
gibt frei diesen Ort.

Vorfrühling

Am blauen Himmel scheint die Sonne.
Die Berge zeigen sich noch weiß.
Vögel singen voller Wonne.
Im Tal schmilzt nun das erste Eis.
Noch sind die Hänge schneebedeckt.
Doch zart wächst schon das erste Grün.
Ein Krokus erste Triebe reckt.
Schneeglöckchen sind schon am Erblüh`n.
Ein Igel erwacht zu früh aus den Träumen.
Noch zögernd verlässt er das schützende Nest.
Die Nase hochaufgereckt zu den Bäumen.
Wittert vom Winter den feuchtkalten Rest.

Das Bächlein

Die Nacht ist klar, der Mond scheint hell,
ein Bächlein windet sich ganz leise.
Entspringen tut es dort am Quell
auf seltsam wunderbare Weise.
Das fahle Mondlicht leuchtet weit
füllt auch das Tal mit seinem Licht
das Bächlein unten schon recht breit
verliert auch dort den Zauber nicht.

Traumwelt

Wortlos durch die Nächte gleiten,
Herz mit Herz im Geist vereint.
Sinnesgrenzen überschreiten.
Trauern, wenn der Himmel weint.
Engeln gleich emporzuschweben,
fernab dunkler Glitzerwelt.
Glücksgefühle auszuleben
Liebe spüren, die erhellt.
Gleichzutun den Fabelwesen
Hand in Hand beim Elfentanz.
Sehnsucht aus den Augen lesen.
Aufgeh´n in dir, voll und ganz.

Mit dir

Mit dir will ich die Sonne sehen.
Am Nordpol mal spazieren gehen.
Mit dir auf Nebelbänken sitzen.
Auch barfuss übers Wasser flitzen.
Mit dir aus einer Quelle trinken.
In Wattewölkchen tief versinken.
In einer Wanne mit dir singen.
Zum Wachsen Gartenzwerge bringen.
Mit dir will ich die Zeit besiegen.
Und werd ich wach, neben dir liegen.
Gabst meinem Herzen einen Stich.
Weiß nur noch eins. Ich liebe dich.

Wolkenstein

Einmal im Jahr, Mittsommernacht.
Ein Schloss aus tiefem Schlaf erwacht.
Schemenhaft auf dunkler Lichtung
wird Wahrheit aus uralter Dichtung.
Knarrend lädt das Burgtor ein,
kein Zweifel mehr — Schloss Wolkenstein.
Feucht und kühl, nicht ganz geheuer
wirkt verlassen das Gemäuer.
Unten tief ein Wimmern, Stöhnen
will die Sinne glatt verhöhnen.
Nah ertönt ein Schreckenslaut.
Auf dem Rücken, Gänsehaut.
Aus dem Nebel der Schwarzgrau
tritt verschleiert eine Frau.
Grell ertönt ein Eulenschrei.
Plötzlich ist der Spuk vorbei.
Nur ein Seufzen leise kündet
von dem Schloss, das niemand findet.

Küsse

So die Nacht im Licht entrinnt
sollen Küsse dich berühren.
Wie der Blüten Morgentau
durch den Tag dich führen.
Küsse sanft wie Rosenblätter
schweben zu dir durch den Raum.
Lassen zärtlich dich erbeben.
Schließ die Augen wie im Traum.
Hauchen über deinen Körper.
Kosen Brüste, Schoß und Bauch.
senden wahre Wonneschauer
gleichen lauem Frühlingshauch.

Erwachen

Sonnenstrahlen tasten durchs Fenster.
Zögernd erhebt sich lärmend die Stadt.
Tageslicht vertreibt Traumgespenster.
Sinne vom Schlafe trunken und matt.
Träumte von Engeln von Elfen und Feen.
Sind auf und davon mit der Nacht.
Wünscht einmal im Lichte nur sie zu seh`n.
Ward in mir die Neugier entfacht.
Zu dir geht mein Blick noch benommen.
Was brauche ich Traumgestalten.
Ein Engel ist zu mir gekommen.
Will fest nur im Arm dich halten.

Wahre Liebe

Wahre Liebe kann nicht irren.
Nie vergessen! Doch verzeih´n.
Wahre Liebe mag verwirren
ist so unschuldig und rein.
Wahre Liebe will verzehren
wütet wie ein Flächenbrand.
Kann sich keiner gegen wehren
raubt selbst edelsten Verstand.
Wahre Liebe niemals endet.
Lebt über den Tot hinfort.
Nie vergebens, nie verschwendet.
Braucht zum Verstehen sie kein Wort.

Engel

Es ist dunkel, tiefe Nacht.
Ein Engel deinen Schlaf bewacht.
In seltsam blaues Licht gehüllt
er ganz und gar den Raum erfüllt.
Ohne die helle Lichtgestalt
erschien es dir im Schlafe kalt.
Wiegt dich so sacht in seinem Arm.
Dann schläfst du sicher und auch warm.
Am Ende deiner Traumesreise
weckt er dich auf, langsam und leise.
Wohl deshalb muss es Engel geben.
Was hält uns sonst im Schlaf am Leben.

Gräserzeit

Verweilt auf der Wiese,
die Zeit zu belauschen.
Ewigkeit kosten
am Licht sich berauschen.
Gräser verschlungen
klingen im Wind.
Lautlos der Moment
stetig beginnt.

Wind

Mal singt er laut, mal jedoch leise
doch stets auf ganz besondr`e Weise
klingt seine Melodie.
Mal stürmisch als Orkan bei Tag
dann wieder zarter Flügelschlag.
Gleicht wilder Poesie.
Mal können Mauern kaum erwehren
und manchmal wiegen sich die Ähren
im lauen Sommerwind.
Launisch ist er, gibt nie auf.
Braust ewig durch der Zeiten Lauf
wesensgleich dem Kind.

Sommernacht

In einer lauen Sommernacht
streift mich ein Windhauch nur ganz sacht.
So wie ein Kuss, der zart und leicht
mir über meine Wangen streicht.
In den Bäumen das Raunen und Wispern
klingt so als würden dort Elfen flüstern.
Ein Bächlein säuselt sanft sein Lied,
Mondlicht golden im Wasser sich wiegt.
Grillen zirpen so leise dazu.
Liegt über allem friedliche Ruh`.

Albtraum

Plötzlich in der dunklen Nacht,
bin ich aus dem Schlaf erwacht.
Gestalten schwebten auf mich zu
und nahmen mir die letzte Ruh´.
Schwarzer Nebel trieb umher
und machte mir das Atmen schwer.
Ich fiel in einen tiefen Schlund
unendlich weit bis auf den Grund.
Dann endlich unten angekommen
war ich noch immer wie benommen.
Ein dunkles Etwas hüllt mich ein,
bereitet Qualen mir und Pein.
Mein Schrei im Hals wird jäh erstickt
ein Augenpaar jetzt auf mich blickt.
Empfinde schon das nahe Ende
da kommt ganz unverhofft die Wende.
Ich öffne die Augen und mein Gesicht
wird gestreichelt vom hellen Sonnenlicht.

Mondlicht

Des Mondes Schein
kennt keine Farben.
Nur vage graues Schattenreich.
Des Mondes Schein
verhüllt selbst Narben.
Schön und schrecklich, alle gleich.
Des Mondes Schein
das Dunkel hegend.
Dem Tageslicht verborgen bleibt.
Des Mondes Schein
fühlbar, bewegend,
erbarmungslos den Tag vertreibt.

Verblüht

Die Dunkelheit so stürmisch.
Ein Wind Kirschblüten treibt.
Gedanken unentwegt.
Nichts was für immer bleibt.
Vergänglich wie die Blüten
so federleicht und sacht
entschwindet stetes Leben
wortlos, still in die Nacht.
Wohin wird wohl der Wind
Leben und Blüten weh´n.
Als Antwort rauscht es leis´,
wirst nie sie wiederseh´n.

Verblasst

Mir ist der Tag zu schnell.
Sein Zauber längst verflogen.
Begreif als alternder Rebell,
die Jugend hat gelogen.
Versprach mir Farben unvergänglich,
verhieß Visionen ohne Ende.
War jung und stets dafür empfänglich.
Doch mit dem Alter kam die Wende.
Jahre sind einfach mir entglitten,
heitere Farben, arg verblasst.
Habe geliebt, gelacht, gelitten.
Trotzdem! Hab ich etwas verpasst?
Die Wahrheit ist, ich weiß es nicht.
Manchmal erfasst mich Traurigkeit.
Dann überstrahlt mich hell dein Licht.
Bin dankbar dir, für jede Stunde Zeit.

Momente

Spüre den Wind auf dem Gesicht.
Fühle die Wärme auf der Haut.
Sieh das helle Sonnenlicht.
Lausche jedem zarten Laut.
Das Leben ist nicht immer heiter,
fühlst du dich hoffnungslos und leer
geht es doch irgendwie schon weiter.
Nur oftmals anders als vorher.
Dann glaubst du, dass der Wind sich dreht
die Kälte hüllt dich ein.
Das Dunkle kommt, das Licht vergeht
wird Stille nur noch sein.
Erlebst du auch den tiefsten Schmerz
und möchtest stumm nur schrei`n,
löst sich doch irgendwann dein Herz.
Wirst wieder glücklich sein.
Drum lerne den Moment zu leben,
gib dich Gefühlen hin.
Muss immer Freud' und Trauer geben.
Denn darin liegt der Sinn.

Meeresblick

Hoch von den Klippen
seh´ ich auf das Meer.
Soweit Blicke reichen
der Horizont, leer.
Einzig die Sonne
zieht ihre Kreise.
Der Wind singt sein Lied
von Fernweh, ganz leise.
Salz in der Luft
bestreicht mein Gesicht.
Schäumend am Felsen
bricht tosend die Gischt.
So eng aneinander
Chaos und Schweigen.
Empfinde den Anblick,
nur das kann dir bleiben.

Kreislauf

Der Sonne folgen Regenschauer.
Zur Heiterkeit gehört die Trauer.
Auch wenn du gehst.
Dem Tage folgt die Dunkelheit.
Nach Sommer kommt die Winterzeit.
Auch wenn du gehst.
Die Welt in ihrem steten Lauf
hältst du nicht mal Sekunden auf.
Auch wenn du gehst.
Stets wird das Leben neu geboren
und immer wieder auch verloren.
Blumen blühen und verderben.
Doch die Liebe wird nie sterben.

Die Rose

Schoß der Erde aufgebrochen.
Triebe in die Welt gereckt.
Knospen schwellen, die vor Wochen
milder Frühlingshauch erweckt.
Öffnet zarte Blütenblätter
gradewegs ins Licht.
Trotzend makellos dem Wetter,
welken tut sie nicht.
Ihre Schönheit überflügeln
süße schwere Düfte.
Schwelgen über grünen Hügeln
lautlos durch die Lüfte.
Dornen sollen widerstehen,
wehren unverblühtem Tot.
Brach sie gleichwohl unbesehen
Menschenhand im Morgenrot.

Rosenstolz

Die Rose stand am Gartenzaun
am Rande einer Wiese.
Die Dornen edel anzuschau`n.
Keine so stolz wie diese.
Von Sommernächten mild verwöhnt
wuchs Schönheit wohl beträchtlich.
Doch eingebildet nur verhöhnt
sie andere verächtlich.
Die Zeit verstrich, der Sommer ging
und Wärme ward verloren.
Als kalter Mond am Himmel hing
ist einsam sie erfroren.

Tränen

Unerfüllter Traum
Sinne fühlen kaum.
Lautlos rinnen Tränen.
Kein Grund sich zu schämen.
Einzig sie sich zeigen
wenn Gefühle schweigen.
Selbst mit stärkstem Willen
kaum einmal zu stillen.

Endlos

Könnt` ich doch die Zeit vergessen.
Lichtlose Tage glatt versäumen.
Endlos die Ewigkeit ermessen
Sonnenaufgänge erträumen.
Fühlen wo das Wort verschwendet.
Herz und Geist endlich vereint.
Wünschen, dass dein Kuss nie endet.
Wo Mondlicht Einsamkeit bescheint.

Träume

Ein jeder Mensch hat Wünsche, Träume
schillernd bunt wie Seifenschäume.
Wenn auch nicht immer zu erfüllen
können doch Lebenshunger stillen.
Wünsche sind der Seele Brot.
Sie wäre ohne Träume tot.
Träume können Hoffnung geben.
Du brauchst sie wie die Luft zum Leben.
Indem du nach Erfüllung strebst
wird dir bewusst, wie sehr du lebst.
Doch Vorsicht, merke es beizeiten,
lass dich nicht nur von Träumen leiten.
Sonst rauscht vor lauter Träumerei
dein Leben nur an dir vorbei.

Zeit

Die Zeit war da von Anbeginn.
Und oft erscheint sie ohne Sinn.
Wenn alle Dinge die entsteh`n
dann irgendwann zugrunde geh`n.
Selbst alles Leben geht vorbei.
Die Zeit sie ließ noch keinen frei.
Auch Licht und Sterne weit und breit
gehorchen dem Gesetz der Zeit.
Drum lebe jeden Augenblick,
denn der Moment kehrt nie zurück.

Liebe

Wie kann Liebe man beschreiben?
Ist sie mehr als ein Gefühl?
Kann sie ewig in uns bleiben?
Gibt es davon auch zuviel?
Wie kann Liebe man begreifen?
Kommt sie leise und ganz sacht?
Fühlt man sie im Herzen reifen?
Ist sie eine Himmelsmacht?
Fragen endlos ohne Zahl.
Die Antwort wohl nur der erkennt,
in dessen Herzen ohne Qual
das Feuer heißer Liebe brennt.

Geborgen

Nach Tagen so farblos,
erfleh´ ich die Nacht.
Dein Dasein zu fühlen
so zärtlich, so sacht.
Verwundete Sinne
vom Alltag verschlissen.
Entflohene Träume
vom Leben zerrissen.
Spür ich deine Nähe
verblassen die Sorgen.
Der Liebe Flügel
führ´n mich in das Morgen.

Spätsommer

Dunst liegt über feuchten Ufern.
Kaum erwachen will der Tag.
Auch der Bach, sonst voller Leben
heute nur träge fließen mag.
Felder weithin abgeerntet.
Stoppeln wie abgestorben steh`n.
Die ersten Störche zieh`n gen Süden,
Sonnenblumen schon vergeh`n.
Ein warmer Atemzug des Sommers
vertreibt nasskalte Nebelfetzen.
Doch seine Tage sind gezählt.
Kühl wird bald Herbst das Land besetzen.

Herbststimmung

Schon wieder Herbst.
Zerrissen Wolken hetzen.
Auf Sträuchern, Nebelfetzen.

Schon wieder Herbst.
Welker Blätter letztes Reisen.
Kühler Herbst schlägt kahle Schneisen.

Schon wieder Herbst.
Verklungen warmer Ton.
Verwaist nun Sommers Thron.

Schon wieder Herbst.
Letztes Lebewohl den Blüten.
Schatten lautlos Leben hüten.

Nebel

Nebel atmet frühen Herbst.
Einstiges Grün, verdorben.
Feuchtkalter Hauch vertreibt
Gedanken an das Morgen.
Wo gestern Dasein war
lebendig, ungestillt
ruht neuer Aufbruch schon.
Unsichtbar noch, verhüllt.

Abend

Der Tag ist grad gegangen.
Und nicht mehr fern die Nacht.
Wenn erste Sterne funkeln,
die Dunkelheit erwacht.
Am Horizont ein Lichtstreif
scheint immer noch recht hell.
Entweicht jedoch ins Dunkel.
Vergeht im Zwielicht schnell.
Die Stadt mit ihren Lichtern
verloren wirkt und klein.
Erstrahlt am schwarzen Himmel
der hellen Sterne Schein.

Wetterwechsel

Der Himmel so klar,
Sterne hell funkeln.
Zeit wie erstarrt,
liegt alles im Dunkeln.
Versteckt kaum bemerkt
ziehen Wolken herauf.
Schwaches Grollen brandet,
Wind macht sich auf.
Unmerklich sacht Anfangs
schmeichelnd, fast zärtlich.
Doch schon zucken Blitze,
gleißend, gefährlich.
Das Wetter schlägt um,
unsagbar schnell.
Wo gerade noch Schwärze
nun Blitze, taghell.
Grollender Donner
jäh Stürme entfacht.
Stille weicht Chaos
in friedlicher Nacht.

Unwetter

Der Himmel erstrahlte gestern tiefblau.
Doch heute nur wolkenschwer und grau .
Hauchfeiner Nieselregen beginnt,
die Landschaft umher im Dunst versinkt.
Wind frischt auf mit kräftiger Böe
treibt bunte Blätter in die Höh`.
Tropfen prasseln jetzt stärker hernieder
scheint so als käme die Sintflut wieder.
Ein kleines Bächlein verwandelt sich schon
in einen großen mitreißenden Strom.
Der Weg nebenan soeben noch da
ist schon überflutet ganz und gar.
Dann wird es dunkel die Nacht bricht herein
so wird das Ende der Welt wohl sein.

Herbst

Herbstwind über Felder streicht
bis er den Waldesrand erreicht.
Dort bläst er durch das dichte Laub.
Noch ist es bunt, doch bald schon Staub.
Der Himmel ist grau und wolkenverhangen,
ein Hase am Feldrain sieht es mit Bangen.
Nieselregen nimmt jetzt jede Sicht
und alles verschwindet im Dämmerlicht.

Regenbogen

Traumgebilde Regenbogen.
So weit weg und doch so nah.
Zart, zerbrechlich, farbverwoben.
Nicht zu fühlen und doch da.
Um als Brücke zu erscheinen
zwischen Traum und Wirklichkeit.
Nur zu seh`n, wenn Engel weinen.
Schnell vergänglich, wie die Zeit.

Entfremdung

Grellbunte Neonlichter
entstellen Großstadtgesichter.
Versteinerte Minen
blutleer erschienen.
Rastlos entrückt,
lebendig erdrückt.
Kurz nur verweilend
wieder enteilend.
Flüchtige Bindung
ohne Empfindung.
Trostloser Trend
namenlos, fremd.

Vorwärts

Vorwärts nur mit Hast.
Dasein ohne Rast.
Vorwärts, keine Zeit vertun.
Niemals wünschen auszuruh`n.
Vorwärts, keine Blicke wenden.
Bestenfalls im Stress zu enden.
Vorwärts ohne hinzuhören
Gefühle dabei zu zerstören.
Vorwärts, nur nicht innehalten
bloß nicht einfach abzuschalten.
Hektik, einziges Bestreben.
Einfach vor sich hin zu leben.
Vorwärts, nur noch in Bewegung
tötet schließlich jede Regung.

Randnotiz

Im Hausflur erfroren,
den Krebskampf verloren
doch in der Zeitung erscheint
der Tod nur als Randnotiz.
In Stücke gesprengt,
Selbstmord, erhängt
doch in der Zeitung erscheint
der Tod nur als Randnotiz.
Erschossen am Strand,
im Auto verbrannt
doch in der Zeitung erscheint
der Tod nur als Randnotiz.
Sind es einzelne nur
und nicht prominent,
man dabei nicht mal
die Namen mehr kennt.
Mediengerecht sterben?
Gemeinsam? Allein?
Der Tod als Gewohnheit!
Trauer nur Schein!

Stillstand

So oft berührt, nichts empfunden.
Gesehen aber nicht erkannt.
So oft entdeckt, doch nie gefunden.
Herzlos zählt nur der Verstand.
So viele Tage sind schon vertan.
Sinne verschüttet, Gefühle verdrängt.
Leben erloschen bevor es begann.
Kostbares Dasein einfach verschenkt.

Verzweiflung

Träge windet sich der Strom
durch des Tales Grund.
Zögernd fliehen Seelen schon
deren Körper wund.
Aus dem Leib das Leben rinnt,
Geist Verzweiflung nah.
Schmerzen pure Folter sind.
Träume, nicht mehr da.
Jeder Fluss am Ende mündet.
Dasein fortan treibt
himmelwärts noch unergründet.
Nun für immer schweigt.

Sehnsucht

Folge der Stimme
eh sie vergeht.
Echo im Herzen
erklang viel zu spät.

Sehnsucht nach Ferne,
Wärme, nach Licht.
Gestern vergangen.
Liebe noch nicht.

Dauerndes fragen.
Wohin, warum.
Fühlbares sehnen.
Unsagbar stumm.

Fühlen

Wenn die warme Luft vereist,
Sonnenstrahlen dunkel scheinen,
Hoffnungen schon längst verwaist,
dann wird rot der Himmel weinen.
Wenn die Weiden Trauer tragen,
Regenbogen farblos sind,
Träume keine Namen haben,
dann verlor in dir das Kind.
Schließ die Augen, sieh den Schein.
Lass dich tragen in die Weiten.
Tauche auf aus tiefstem Sein
fühle zeitlos Ewigkeiten.

Bewahrt

Ein Traum, ein Jahr,
was bleibt!
Ein Mensch der war,
was bleibt!
Einzig das Leben
war ihm gegeben.
Nur für die Liebe
lohnt alles streben.
Lebe die Zeit.
Liebe nur bleibt.

Beschützt

Winde wehen launisch warm.
Über mir ein Vogelschwarm
und ich fühle — Mutter wacht.
Auf dem Halme reifes Korn.
Leben, jedes Jahr von vorn
und ich fühle — Mutter wacht.
Liebe ward von ihr geschenkt
Zeit alle Geschicke lenkt
doch, ich fühle — Mutter wacht.
Wolken ziehen übers Tal
fühle ihren Blick noch mal.
Nun erst weiß ich — Mutter wacht.

Engelstränen

Blicke himmelwärts gerichtet
Millionen Lichter steh`n.
Ein Stern für jeden Engel.
Sie leuchten und vergeh`n.
Erlischt des Engel Dasein,
stirbt mit ihm auch das Licht.
In tiefer Dunkelheit
sieht man die Tränen nicht.
Wenn lautlos Engel weinen
entschwindet ihre Macht.
In einem Tränenmeer
ertrinkt endlos die Nacht.

Frost

Eisige Kälte in Wald und Flur.
Frostig erstarrt scheint die Natur.
Sträucher und Äste mit Reif überzogen.
Eiskalte Schleier zu Netzen verwoben.
Wohin auch der Blick schweift, nichts will sich regen.
Scheinbar gefroren, das emsige Leben.
Tonlose Stille dann erst entweicht,
wenn wärmender Frühling alles erreicht.

Dezember

Raureif glitzert auf den Wegen.
Die Luft ist klar und ziemlich kalt.
Eisiger Wind strömt dir entgegen.
Kündet vom nahen Winter, bald.
Leise fällt schon der erste Schnee.
Flocken tanzen einen Reigen.
Schweben weit herüber zum See.
Wild übers Wasser sie treiben.
Zart bildet sich eine Schicht aus Eis.
Schon bald ist es gänzlich gefroren.
Dann ist die Landschaft vollkommen weiß.
Und die Welt hat die Farben verloren.

Schatten

Ich bin ein Schatten.
Und jedem so nah.
Doch schon am Abend
unbemerkt nicht mehr da.
Schatten im Hellen
deutlich geprägt.
Von finsterer Nacht
achtlos überlebt.
Schatten begleiten
bei strahlendem Licht.
Obgleich im Dunkel
vermisst man sie nicht.

Geteilt

Mal fröhlich traurig.
Entspannt bedrückt.
Manchmal so nah
doch weit weg entrückt.
Wahrheit, gelogen.
Liebend gehasst.
Federleicht schwer
jegliche Last.
Leuchtend erloschen
tiefschwarzer Schein.
Verbunden für immer
zerrissenes Sein.